Impressum
Verlag: BABADADA GmbH, Nedderfeld 112 , 22529 Hamburg
Geschäftsführer / Verlagsleitung: Harald Hof
Druck: Books on Demand GmbH, In de Tarpen 42, 22848 Norderstedt

Imprint
Publisher: BABADADA GmbH, Nedderfeld 112 , 22529 Hamburg, Germany
Managing Director / Publishing direction: Harald Hof
Print: Books on Demand GmbH, In de Tarpen 42, 22848 Norderstedt

בית ספר
school

כיתה
klaslokaal
חילק
delen
186/2
לוח
bord
speelplaats
מורה
leerkracht
נייר
papier
כתב
schrijven
עט
pen
שולחן עבודה
bureau
סרגל
liniaal
ספר
boek
תלמיד
leerling

ילקוט

schooltas

קלמר

pennenzak

עיפרון

potlood

מחדד

puntenslijper

גומי מחיקה

gom

חוברת סרטוט

tekenblok

סרטוט
tekening

מברשת
verfborstel

קופסת צבעים
verfdoos

מספריים
schaar

דבק
lijm

ספר תרגול
werkboek

שיעור בית
huiswerk

12

מספר
nummer

2+2

חיבר
optellen

5-2

חיסר
aftrekken

2×2

הכפיל
vermenigvuldigen

חישב
rekenen

A

אות
letter

ABCDEFG
HIJKLMN
OPQRSTU
VWXYZ

אלפבית
alfabet

hello

מילה
woord

טקסט
tekst

קרא
Lezen

גיר
krijt

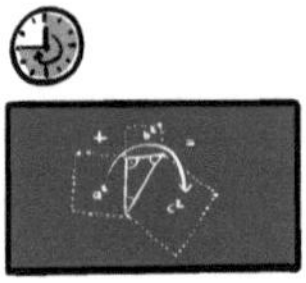

שיעור
les

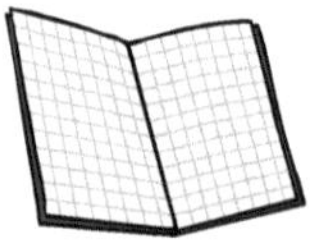

יומן נוכחות
klassenboek

מבחן
examen

תעודה
certificaat

תלבושת בית ספר
schooluniform

חינוך
onderwijs

אנציקלופדיה
encyclopedie

אוניברסיטה
universiteit

מיקרוסקופ
microscoop

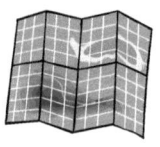

מפה
kaart

סל נייר
papiermand

מלון
hotel
הוסטל
jeugdherberg
המרת מטבע
wisselkantoor
מזוודה
koffer
אוטו
auto

שפה

Taal

כן / לא

ja / nee

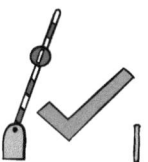

בסדר

oké

שלום

hallo

מתרגם

vertaler

תודה

bedankt

כמה עולה.....?

Hoeveel kost …?

אני לא מבין

Ik begrijp het niet

בעיה

probleem

ערב טוב!

Goedenavond!

בוקר טוב!

Goedemorgen!

לילה טוב!

Goedenavond!

להתראות

Tot ziens

כיוון

richting

כבודה

bagage

תיק

zak

תרמיל גב

rugzak

אורח

gast

חדר

kamer

שק שינה

slaapzak

אוהל

tent

מרכז מידע לתיירים

....

toeristeninformatie

ווף ים

....

strand

כרטיס אשראי

....

kredietkaart

ארוחת בוקר

....

ontbijt

ארוחת צהריים

....

lunch

ארוחת ערב

....

avondeten

כרטיס

....

ticket

מעלית

....

lift

בול

....

postzegel

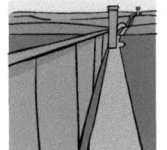

גבול

....

grens

מכס

....

douane

שגרירות

....

ambassade

אשרה

....

visum

דרכון

....

paspoort

תחבורה

transport

מטוס
vliegtuig
אונייה
schip
כבאית
brandweerwagen
אוטובוס
bus
משאית
vrachtwagen
סירת מנוע
motorboot
אופניים
fiets
אוטו
auto

מעבורת

veerboot

סירה

boot

אופנוע

motor

ניידת משטרה

politiewagen

מכונית מרוץ

racewagen

רכב שכור

huurauto

מכוניות בשיתוף
....
carpoolen

אוטו גו ו
....
sleepwagen

משאית זבל
....
vuilniswagen

מנוע
....
motor

דלק
....
benzine

תחנת דלק
....
benzinestation

תמרור
....
verkeersbord

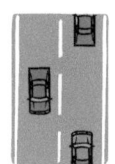

תנועה
....
verkeer

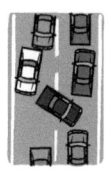

פקק תנועה
....
file

חניה
....
parkeerplaats

תחנת רכבת
....
station

פסי רכבת
....
sporen

רכבת
....
trein

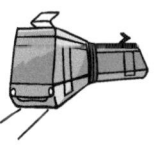

רכבת קלה
....
tram

קרון
....
wagon

מסוק

helikopter

שדה-תעופה

luchthaven

מגדל

toren

נוסע

passagier

קונטיינר

container

קרטון

karton

עגלה

kar

סל

mand

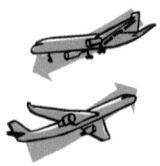

המראה / נחיתה

opstijgen / landen

עיר

stad

כפר

dorp

מרכז העיר

stadscentrum

בית

huis

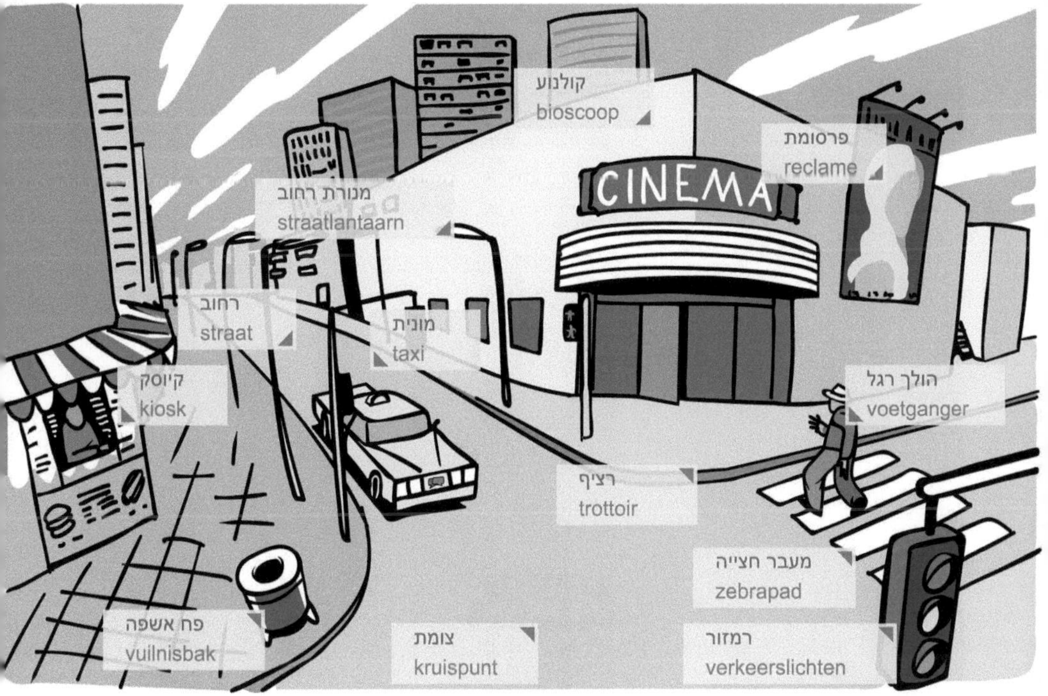

קולנוע
bioscoop

פרסומת
reclame

מנורת רחוב
straatlantaarn

CINEMA

רחוב
straat

מונית
taxi

הולך רגל
voetganger

קיוסק
kiosk

רציף
trottoir

מעבר חצייה
zebrapad

פח אשפה
vuilnisbak

צומת
kruispunt

רמזור
verkeerslichten

בקתה

hut

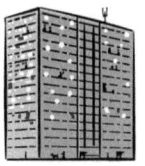

דירה

woning

תחנת רכבת

station

עירייה

stadshuis

מוזיאון

museum

בית ספר

school

אוניברסיטה

universiteit

בנק

bank

בית חולים

ziekenhuis

מלון

hotel

בית מרקחת

apotheek

משרד

kantoor

חנות ספרים

boekwinkel

חנות

winkel

חנות פרחים

bloemenwinkel

סופרמרקט

supermarkt

שוק

markt

כל-בו

warenhuis

מוכר דגים

vishandelaar

קניון

winkelcentrum

נמל

haven

פארק
park

ספסל
bank

גשר
brug

מדרגות
trap

רכבת תחתית
metro

מנהרה
tunnel

תחנת אוטובוס
bushalte

בר
bar

מסעדה
restaurant

תא דואר
brievenbus

שלט רחוב
straatnaambord

מדחן
parkeermeter

גן חיות
zoo

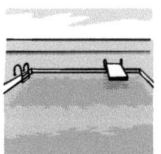

בריכת שחיה
zwembad

מסגד
moskee

חווה
boerderij

זיהום
milieuverontreiniging

בית עלמין
kerkhof

כנסייה
kerk

מגרש משחקים
speelplaats

בית מקדש
tempel

נוף

landschap

עלה
blad

תמרור
wegwijzer

דרך
weg

מרעה
weide

אבן
steen

עץ
boom

מטייל
wandelaar

נהר
rivier

דשא
gras

פרח
bloem

בקעה

vallei

הר

heuvel

אגם

meer

יער

bos

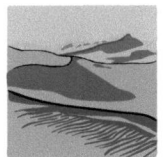

מדבר

woestijn

הר געש

vulkaan

טירה

kasteel

קשת בענן

regenboog

פטריה

paddenstoel

דקל

palmboom

יתוש

mug

זבוב

vlieg

נמלה

mier

דבורה

bijl

עכביש

spin

חיפושית

kever

צפרדע

kikker

סנאי

eekhoorn

קיפוד

egel

ארנב

haas

ינשוף

uil

ציפור

vogel

ברבור

zwaan

חזיר בר

wild zwijn

צבי

hert

אייל הקורא

eland

סכר

dam

טורבינת רוח

windturbine

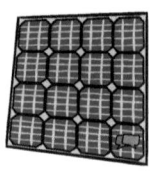

פנל סולארי

zonnepaneel

אקלים

klimaat

מסעדה

restaurant

מלצר
ober
תפריט
menu
כסא
stoel
מרק
soep
פיצה
pizza
סכו"ם
bestek
מפת שולחן
tafelkleed

מנת פתיחה

voorgerecht

מנה עיקרית

hoofdgerecht

קינוח

nagerecht

שתיות

drankjes

אוכל

eten

בקבוק

fles

מזון מהיר

fastfood

אוכל רחוב

street food

קנקן תה

theepot

מסכרת

suikerpot

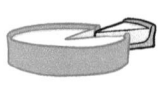

מנה

portie

מכונת אספרסו

espressomachine

כסא תינוק

kinderstoel

חשבון

rekening

מגש

dienblad

סכין

mes

מזלג

vork

כף

lepel

כפית

theelepel

מפית

serviette

כוס

glas

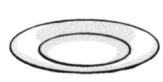

צלחת

bord

קערת מרק

soepbord

תחתונית

schoteltje

רוטב

saus

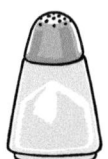

מלחייה

zoutvatje

מטחנת פלפל

pepermolen

חומץ

azijn

שמן

olie

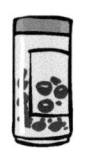

תבלינים

kruiden

קטשופ

ketchup

חרדל

mosterd

מיונז

mayonaise

סופרמרקט
supermarkt

מבצע
aanbieding
לקוח
klant
מוצרי חלב
zuivelproducten
פירות
fruit
עגלת קניות
winkelwagen

אטליז

slagerij

מאפייה

bakkerij

שקל

wegen

ירקות

groenten

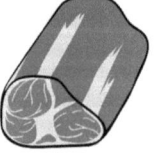

בשר

vlees

מזון קפוא

diepvriesvoedsel

בשר קר

....

charcuterie

שימורים

....

conserven

אבקת כביסה

....

waspoeder

ממתקים

....

snoep

מוצרי בית

....

huishoudproducten

חומר ניקוי

....

schoonmaakproducten

מוכרת

....

verkoopster

קופה

....

kassa

קופאי

....

kassier

רשימת קניות

....

boodschappenlijstje

שעות פתיחה

....

openingstijden

ארנק

....

portefeuille

כרטיס אשראי

....

kredietkaart

תיק

....

tas

שקית נילון

....

plastieken zakje

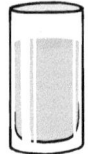

שתיות
drankjes

מים

water

מיץ

sap

חלב

melk

קולה

cola

יין

wijn

בירה

bier

אלכוהול

alcohol

קקאו

cacao

תה

thee

קפה

koffie

אספרסו

espresso

קפוצ'ינו

cappuccino

בננה

banaan

תפוח

appel

תפוז

sinaasappel

אבטיח

meloen

לימון

citroen

גזר

wortel

שום

knoflook

במבוק

bamboe

בצל

ajuin

פטריות

champignon

אגוזים

noten

אטריות

noodles

ספגטי

spaghetti

אורז

rijst

סלט

salade

צ'יפס

frieten

צ'יפס

gebakken aardappelen

פיצה

pizza

המבורגר

hamburger

כריך

sandwich

שניצל

kalfslapje

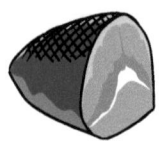

שינקין

ham

סלאמי

salami

נקניקיה

worst

עוף

kip

טיגון

braden

דג

vis

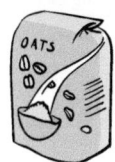

שיבולת שועל

havervlokken

מוזלי

muesli

קורנפלקס

cornflakes

קמח

bloem

קרואסון

croissant

לחמנייה

pistolet

לחם

brood

טוסט

toast

עוגיות

koekjes

חמאה

boter

גבינה לבנה

kwark

עוגה

taart

ביצה

ei

ביצת עין

spiegelei

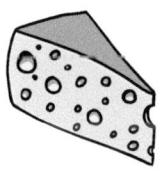

גבינה

kaas

גלידה

ijs

סוכר

suiker

דבש

honing

ריבה

confituur

ממרח נוגט

choco

קארי

curry

חווה
boerderij

אסם
schuur
חבילת שחת
strobaal
שדה
veld
סוס
paard
עגלת נגרר
aanhangwagen
טרקטור
tractor
סייח
veulen
חמור
ezel
כבש
schaap
טלה
lam

עז
geit

פרה
koe

עגל
kalf

חזיר
varken

חזרזיר
biggetje

שור
stier

אווז

gans

ברווז

eend

אפרוח

kuiken

תרנגולת

kip

תרנגול

haan

חולדה

rat

חתול

kat

עכבר

muis

שור

os

כלב

hond

מלונה

hondenhok

צינור השקיה

tuinslang

קנקן מים

gieter

חרמש

zeis

מחרשה

ploeg

מגל

sikkel

מגרפה

schoffel

קלשון

hooivork

גרזן

bijl

מריצה

kruiwagen

שוקת

trog

כד חלב

melkkan

שק

zak

גדר

hek

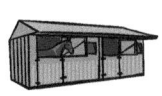

אורווה

stal

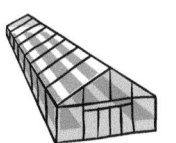

חממה

broeikas

אדמה

bodem

זרע

zaad

דשן

mest

מקצרה

maaidorser

בטטה אפריקנית

yam

קציר

oogst

קצר

oogsten

תפוח אדמה

aardappel

סויה

soja

חיטה

tarwe

עץ פירות

fruitboom

קנולה

koolzaad

תירס

maïs

דגנים

graan

קסבה

maniok

בית

huis

ארובה
schoorsteen
גג
dak
מרזב
regenpijp
חלון
raam
מוסך
garage
פעמון
deurbel
דלת
deur
פח אשפה
vuilnisbak
תיבת מכתבים
brievenbus
גינה
tuin

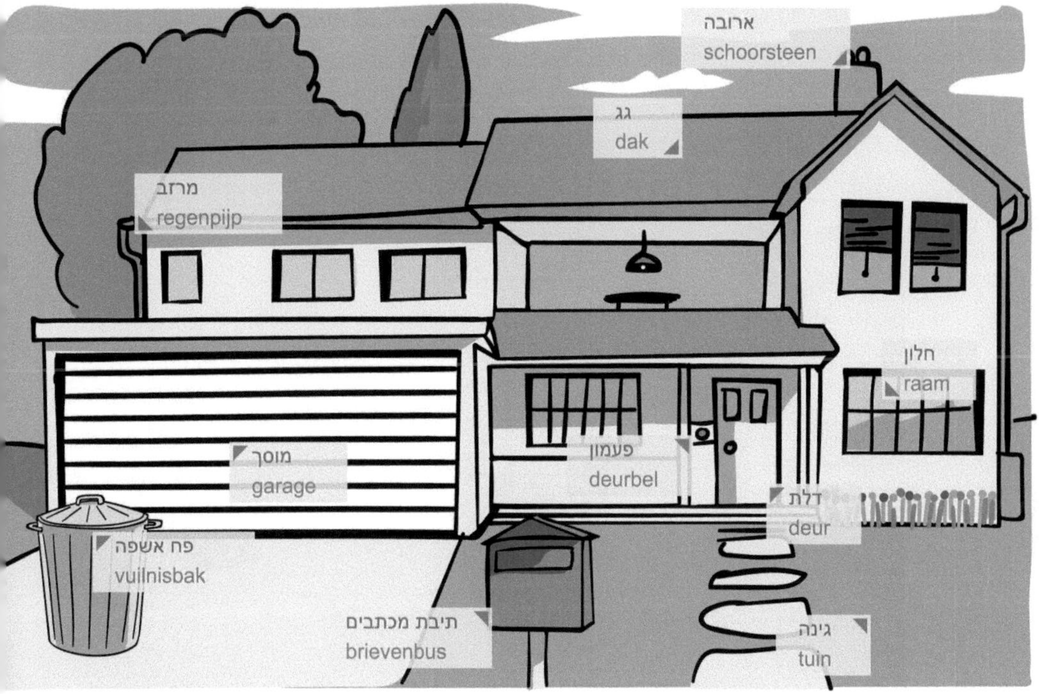

סלון

woonkamer

חדר אמבטיה

badkamer

מטבח

keuken

חדר שינה

slaapkamer

חדר ילדים

kinderkamer

חדר אוכל

eetkamer

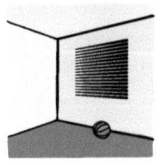

רצפה

vloer

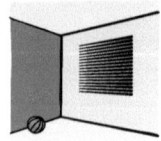

קיר

muur

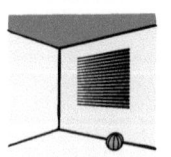

תקרה

plafond

מרתף

kelder

סאונה

sauna

מרפסת

balkon

מרפסת

terras

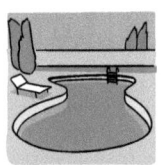

בריכה

zwembad

מכסחת דשא

grasmaaier

סדין

dekbedovertrek

כיסוי מיטה

dekbed

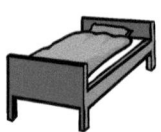

מיטה

bed

מטאטא

bezem

דלי

emmer

מפסק

schakelaar

סלון

woonkamer

טפט
behangpapier
תמונה
foto
מנורה
lamp
מדף
schap
ארון
kast
טלוויזיה
televisie
אח
open haard
פרח
bloem
כרית
kussen
ספה
sofa
אגרטל
vaas
שלט רחוק
afstandsbediening

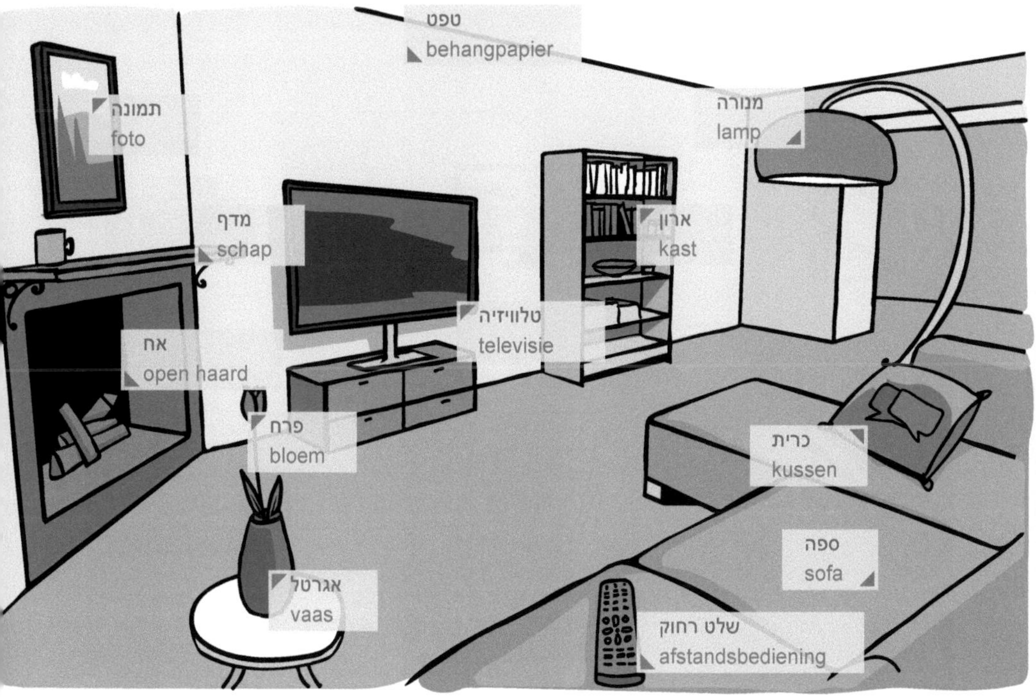

שטיח

mat

וילון

gordijn

שולחן

tafel

כסא

stoel

כיסא נדנדה

schommelstoel

כורסה

fauteuil

ספר

boek

שמיכה

deken

דקורציה

decoratie

עצי הסקה

brandhout

סרט

film

מערכת סטריאו

stereo-installatie

מפתח

sleutel

עיתון

krant

ציור

schilderij

פוסטר

poster

רדיו

radio

מחברת

notitieboekje

שואב אבק

stofzuiger

קקטוס

cactus

נר

kaars

מטבח
keuken

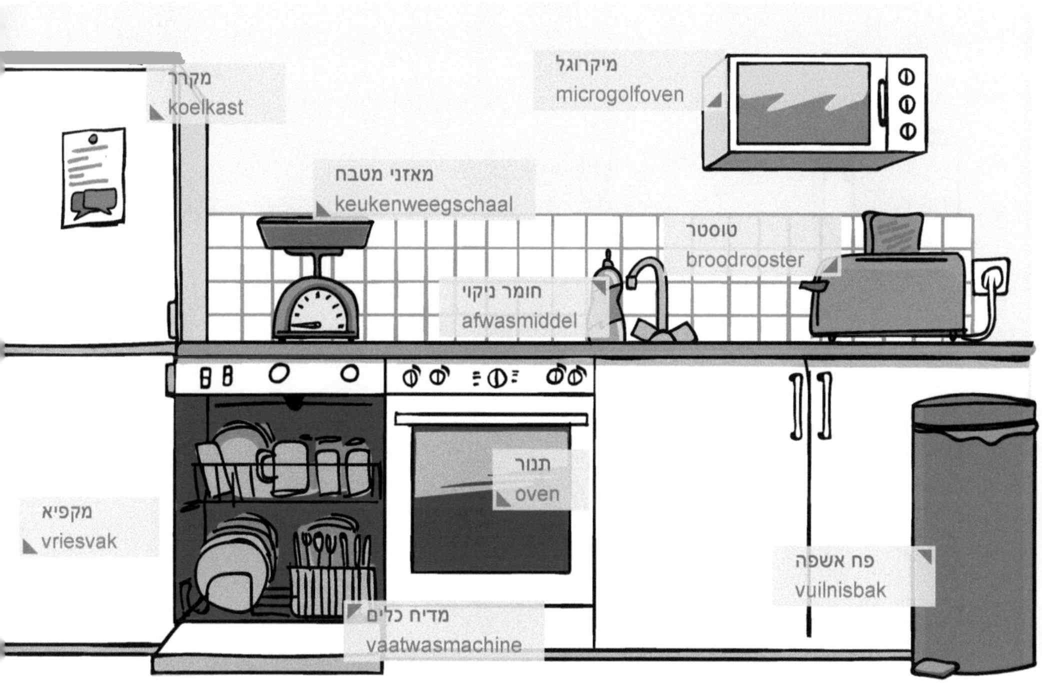
מקרר
koelkast
מיקרוגל
microgolfoven
מאזני מטבח
keukenweegschaal
טוסטר
broodrooster
חומר ניקוי
afwasmiddel
תנור
oven
מקפיא
vriesvak
פח אשפה
vuilnisbak
מדיח כלים
vaatwasmachine

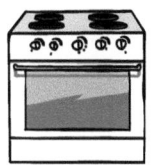

תנור

fornuis

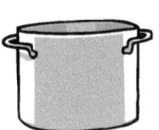

סיר

pot

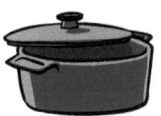

סיר ברזל

gietijzeren pot

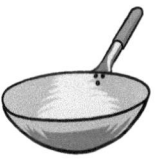

ווק

wok / kadai

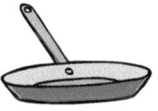

מחבת

pan

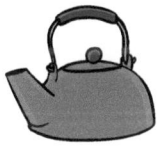

קומקום חשמלי

waterkoker

מאדה

stoomkoker

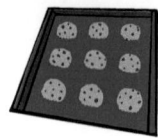

מגש אפייה

bakplaat

כלי אוכל

servies

ספל

mok

קערה

kom

צ'ופסטיקס

eetstokjes

מצקת

pollepel

מרית

spatel

מטרפה

garde

מסננת בישול

vergiet

מסננת

zeef

מגרדת

rasp

מכתש

mortier

גריל

barbecue

מדורה

haardvuur

קרש חיתוך

snijplank

מערוך

deegrol

פותחן פקקים

kurkentrekker

פחית

blik

פותחן קופסאות

blikopener

מטלית

pannenlap

כיור

gootsteen

מברשת

borstel

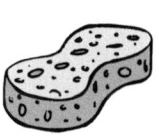

ספוג

spons

בלנדר

blender

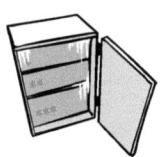

מקפיא

vriezer

בקבוק לתינוק

papfles

ברז

kraan

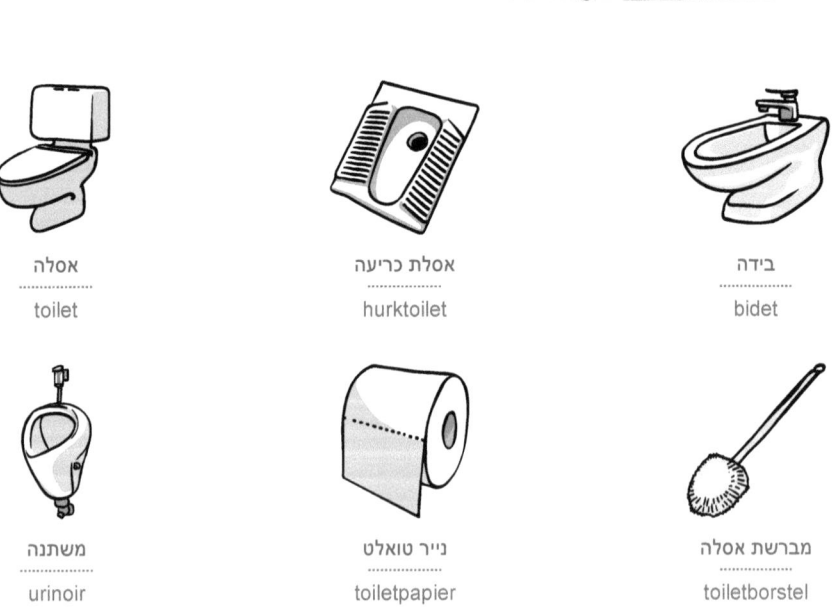

חדר אמבטיה
badkamer

חימום
verwarming
מקלחת
douche
מגבת
handdoek
וילון מקלחת
douchegordijn
אמבטיית קצף
bubbelbad
אמבטיה
badkuip
כוס
glas
מכונת כביסה
wasmachine
ברז
kraan
אריחים
tegels
סיר לילה
kinderpo
כיור
gootsteen

אסלה
toilet

אסלת כריעה
hurktoilet

בידה
bidet

משתנה
urinoir

נייר טואלט
toiletpapier

מברשת אסלה
toiletborstel

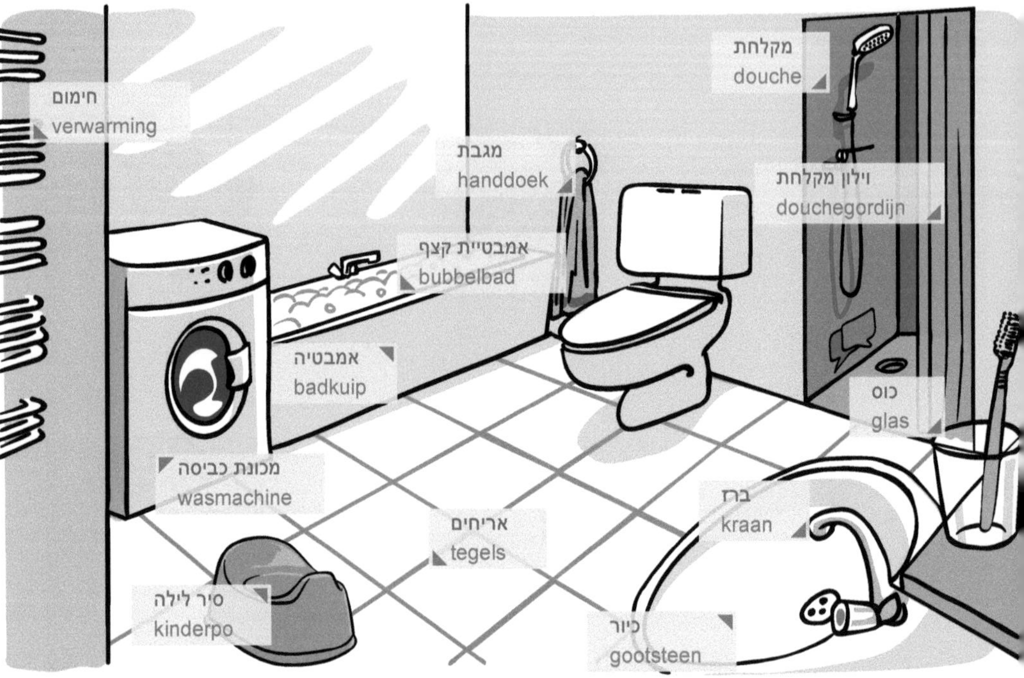

מברשת שיניים

tandenborstel

משחת שיניים

tandpasta

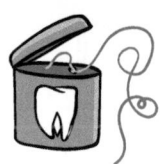

חוט דנטלי

flosdraad

שטף

wassen

מקלחת יד

handdouche

צינור שטיפה לשירותים

bidethanddouche

קערת רחצה

waskom

מברשת גב

rugborstel

סבון

zeep

ג'ל רחצה

douchegel

שמפו

shampoo

ליפה

washandje

ניקוז

afvoer

קרם

crème

דיאודורנט

deodorant

מראה

spiegel

מראת יד

handspiegel

סכין גילוח

scheermes

קצף גילוח

scheerschuim

אפטרשייב

aftershave

מסרק

kam

מברשת

borstel

מייבש שיעור

haardroger

ספריי לשיער

haarlak

איפור

make-up

שפתון

lippenstift

לק

nagellak

צמר גפן

watten

מספריים לציפורניים

nagelknipper

בושם

parfum

תיק כלי רחצה

toilettas

שרפרף

kruk

משקל

weegschaal

חלוק רחצה

badjas

כפפות גומי

latex handschoenen

טמפון

tampon

תחבושת סניטרית

maandverband

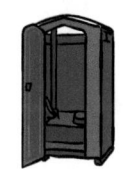

שירותים כימיקליים

chemisch toilet

חדר ילדים
kinderkamer

שעון מעורר
wekker
צעצוע חיבוק
knuffel
מכונית צעצוע
speelgoedauto
רעשן
rammelaar
בית בובות
poppenhuis
מתנה
geschenk

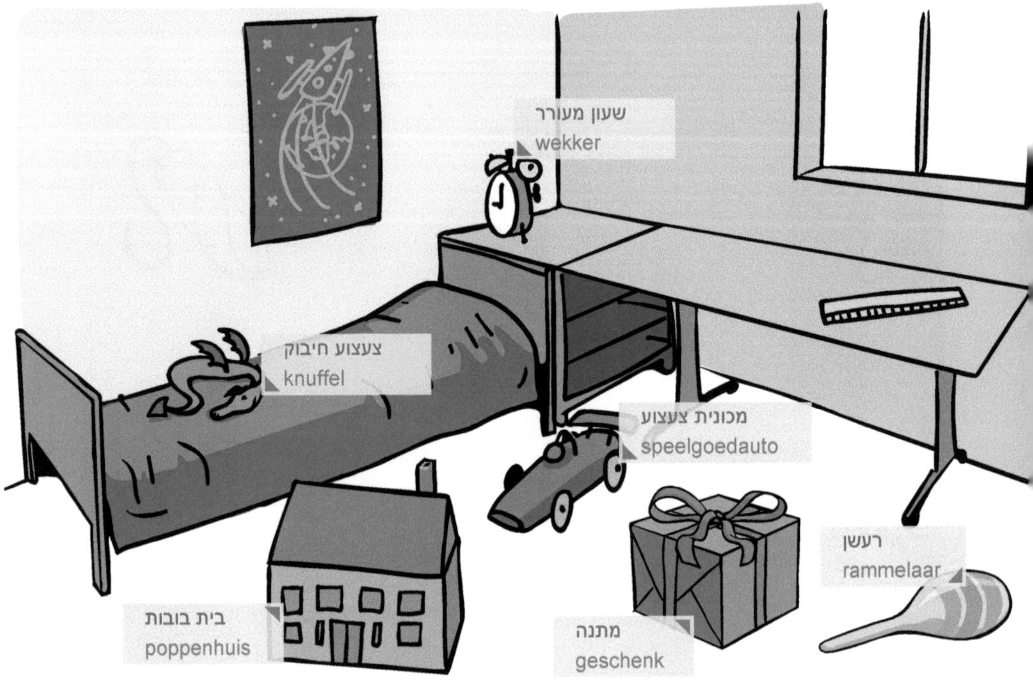

בלון
ballon

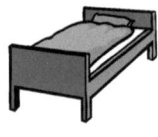

מיטה
bed

עגלה
kinderwagen

משחק קלפים
spel kaarten

פאזל
puzzel

קומיקס
stripboek

לגו
legoblokjes

קוביות משחק
blokken

דמות משחק
actiefiguur

סרבל תינוקות
kruippakje

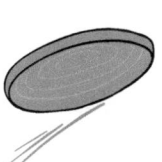

פריזבי
frisbee

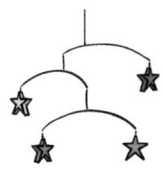

נייד
mobiel

משחק לוח
bordspel

קוביה
dobbelsteen

רכבת צעצוע
modelspoorweg

מוצץ
fopspeen

מסיבה
feest

אלבום תמונות
prentenboek

כדור
bal

בובה
pop

שיחק
spelen

ארגז חול

zandbak

נדנדה

schommel

צעצועים

speelgoed

קונסולת משחקים

spelconsole

אופניים תלת גלגלי

driewieler

דובון

knuffelbeer

ארון בגדים

kleerkast

בגדים

kleding

גרביים

sokken

גרביונים

kousen

גרביון

maillot

צעיף
sjaal

מטריה
paraplu

חולצת טי
T-shirt

חגורה
riem

מגפיים
laarzen

נעלי בית
slippers

נעלי ספורט
sneakers

סנדלים
sandalen

נעליים
schoenen

מגפי גומי
rubberlaarzen

תחתונים
onderbroek

חזייה
beha

וסט
onderhemd

גוף

lichaam

מכנסיים

broek

ג'ינס

jeans

חצאית

rok

חולצה מכופתרת

blouse

חולצה

hemd

אפודה

trui

סווצ'ר עם קפוצ'ון

capuchontrui

בלייזר

blazer

ז'קט

jas

מעיל

jas

מעיל גשם

regenjas

תלבושת

kostuum

שמלה

jurk

שמלת כלה

trouwjurk

חליפה

pak

כותונת לילה

nachthemd

פיג'מה

pyjama

סארי

sari

מטפחת ראש

hoofddoek

טורבן

tulband

בורקה

boerka

קאפטן

kaftan

עבאיה

abaya

בגד ים

badpak

בגד ים

zwembroek

מכנסיים קצרים

short

בגד אימון

trainingspak

סינר

schort

כפפות

handschoenen

כפתור

knoop

משקפיים

bril

צמיד יד

armband

שרשרת

ketting

טבעת

ring

עגיל

oorbel

כובע

pet

קולב

kapstok

כובע

hoed

עניבה

das

רוכסן

rits

קסדה

helm

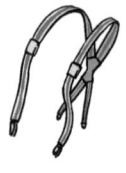

כתפיות

bretellen

תלבושת בית ספר

schooluniform

מדים

uniform

מפית אוכל
slabbetje

מוצץ
fopspeen

חיתול
luier

משרד
kantoor

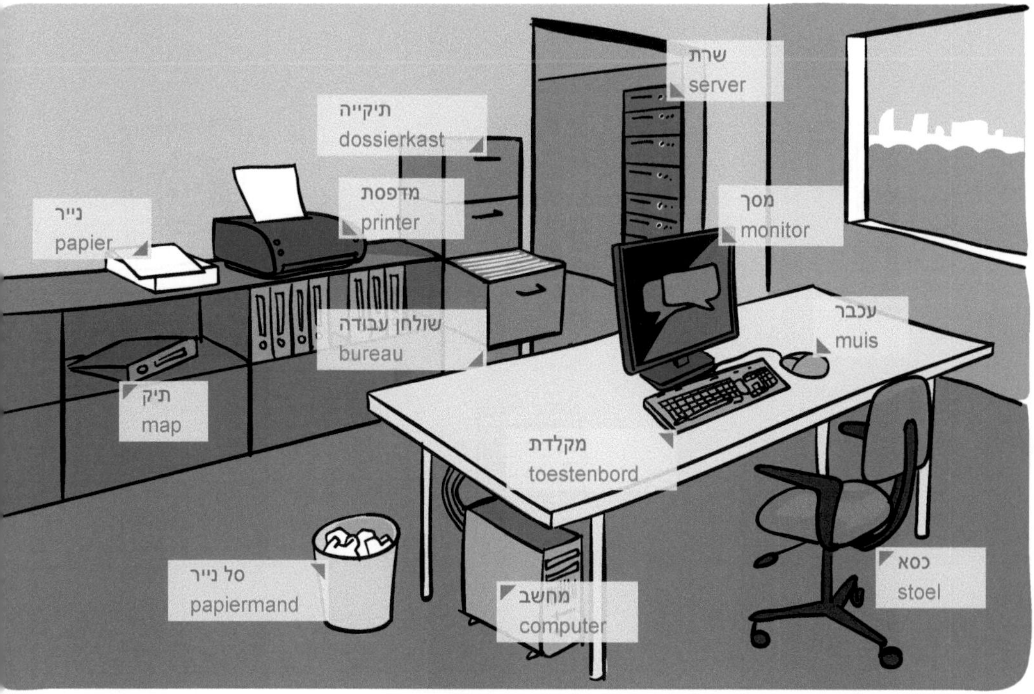

שרת
server

תיקייה
dossierkast

מדפסת
printer

נייר
papier

מסך
monitor

שולחן עבודה
bureau

עכבר
muis

תיק
map

מקלדת
toestenbord

כסא
stoel

סל נייר
papiermand

מחשב
computer

ספל קפה
koffiemok

מחשבון
rekenmachine

אינטרנט
internet

מחשב נייד

laptop

מכתב

brief

הודעה

bericht

נייד

gsm

רשת

netwerk

מכונת צילום

kopieerapparaat

תוכנה

software

טלפון

telefoon

שקע

stopcontact

פקס

fax

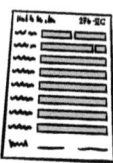

טופס

formulier

מסמך

document

כלכלה

economie

קנה

kopen

שילם

betalen

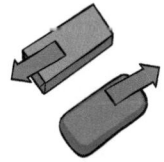

סחר

handelen

כסף

geld

USD

דולר

dollar

EUR

יורו

euro

JPY

ין

yen

RUB

רובל

roebel

CHF

פרנק שווייצרי

Zwitserse frank

CNY

יואן רנמינבי

Chinese renminbi

INR

רופי

roepie

כספומט

geldautomaat

המרת מטבע

wisselkantoor

זהב

goud

כסף

zilver

נפט

olie

אנרגיה

energie

מחיר

prijs

חוזה

contract

מס

belasting

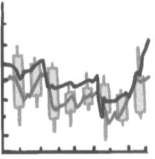

מנייה

aandeel

עבד

werken

עובד

werknemer

מעסיק

werkgever

מפעל

fabriek

חנות

winkel

מקצועות
beroepen

שוטר
politieagent
כבאי
brandweerman
טבח
kok
רופא
dokter
טייס
piloot

גנן

tuinman

נגר

timmerman

תופרת

naaister

שופט

rechter

כימאי

chemicus

שחקן

acteur

נהג אוטובוס

buschauffeur

נהג מונית

taxichauffeur

דייג

visser

עובדת נקיון

schoonmaakster

מתקן גגות

dakdekker

מלצר

ober

צייד

jager

צייר

schilder

אופה

bakker

חשמלאי

elektricien

עובד בניין

bouwvakker

מהנדס

ingenieur

קצב

slager

אינסטלטור

loodgieter

דוור

postbode

חייל

soldaat

אדריכל'

architect

קופאי

kassier

מוכר פרחים

bloemist

ספר

kapper

כרטיסן

conducteur

מכונאי

mecanicien

קברניט

kapitein

רופא שיניים

tandarts

מדען

wetenschapper

רב

rabbijn

אימאם

imam

נזיר

monnik

כומר

geestelijke

כלי עבודה
werktuigen

פטיש
hamer
צבת
tang
מברג
schroevendraaier
מפתח ברגים
schroefsleutel
פנס
zaklamp

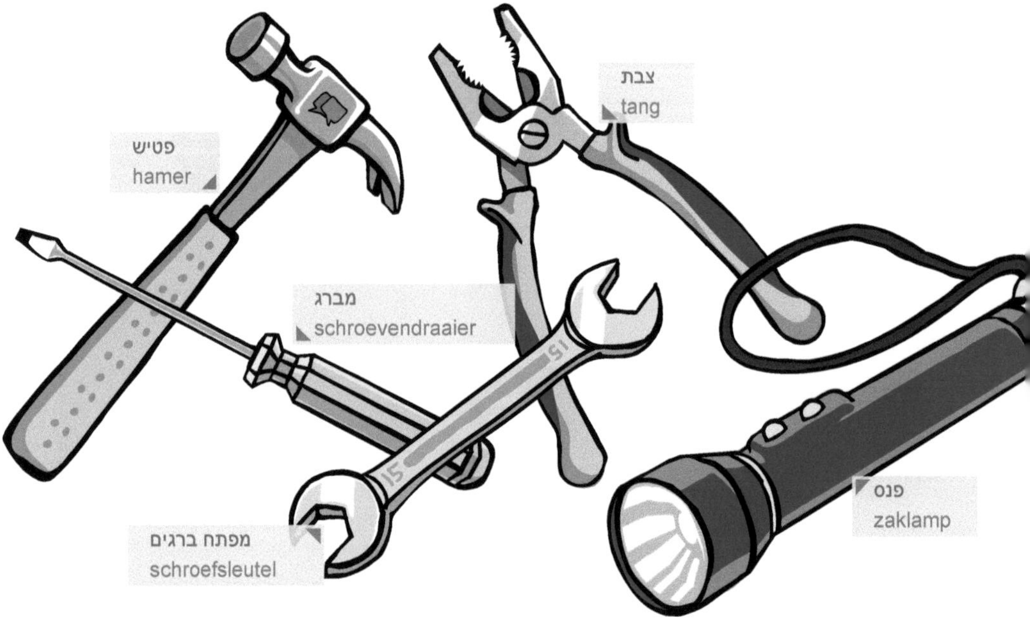

דחפור

graafmachine

ארגז כלים

gereedschapskoffer

סולם

ladder

מסור

zaag

מסמרים

spijkers

מקדחה

boormachine

תיקן

repareren

את חפירה

schop

לעזאזל!

Verdomme!

יעה

blik

פח צבע

verfpot

ברגים

schroeven

כלי נגינה

muziekinstrumenten

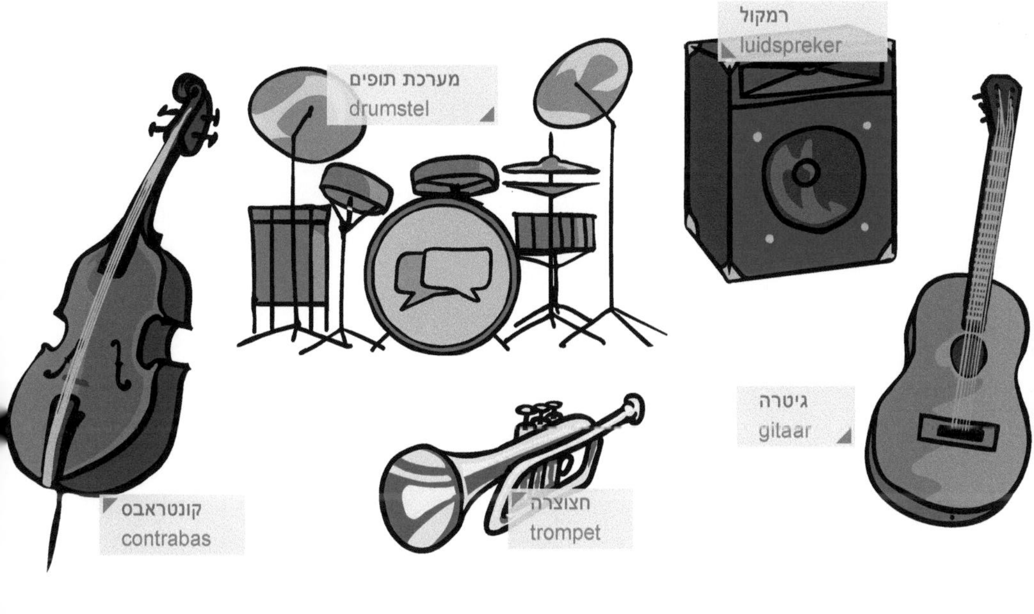

מערכת תופים
drumstel

רמקול
luidspreker

קונטראבס
contrabas

חצוצרה
trompet

גיטרה
gitaar

פסנתר

piano

כינור

viool

בס

basgitaar

תוף הדוד

pauk

תופים

trommels

מקלדת פסנתר

keyboard

סקסופון

saxofoon

חליל

fluit

מיקרופון

microfoon

גן חיות

zoo

כניסה
ingang
נמר
tijger
כלוב
kooi
זברה
zebra
מזון לחיות
piereneten
פנדה
panda

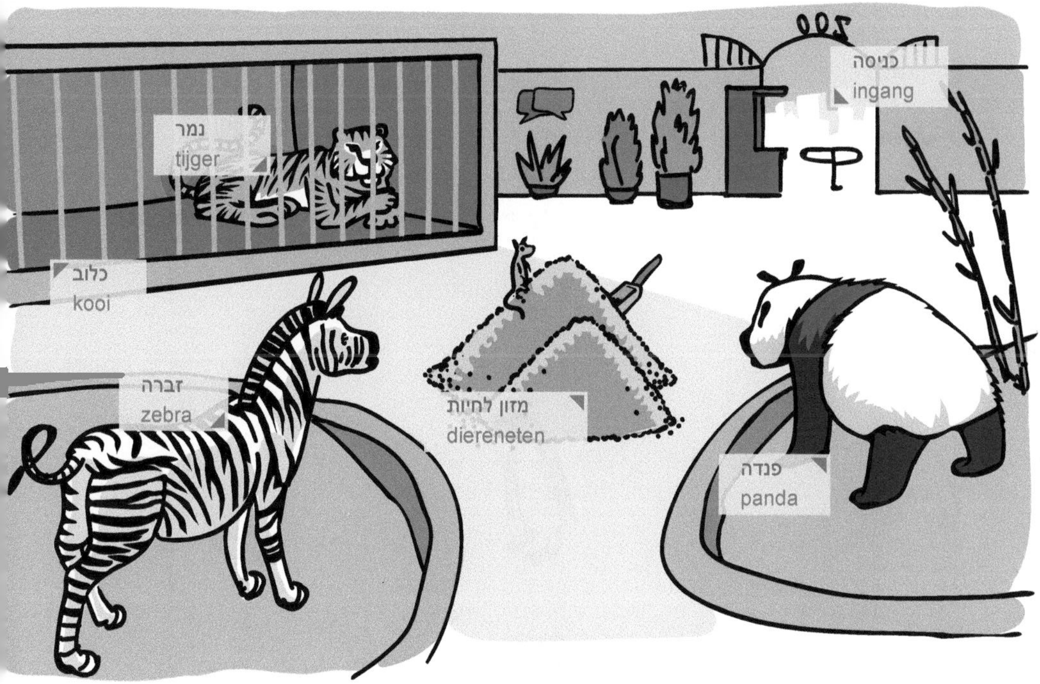

בעלי חיים

dieren

פיל

olifant

קנגרו

kangoeroe

קרנף

neushoorn

גורילה

gorilla

דוב

beer

גמל

kameel

יען

struisvogel

אריה

leeuw

קוף

aap

פלמינגו

flamingo

תוכי

papegaai

דוב הקרח

ijsbeer

פינגווין

pinguïn

כריש

haai

טווס

pauw

נחש

slang

תנין

krokodil

שומר גן החיות

dierenverzorger

כלב ים

zeehond

יגואר

jaguar

סוס פוני

pony

ל'אופו ו

luipaard

היפופוטאם

nijlpaard

ג'ירפה

giraffe

נשר

adelaar

חזיר בר

wild zwijn

דג

vis

צב

zeeschildpad

סוס ים

walrus

שועל

vos

איילה

gazelle

ספורט

sporten

פוטבול אמריקאי
rugby
רכיבת אופניים
wielrennen
טניס
tennis
כדורסל
basketbal
שחיה
zwemmen
אגרוף
boksen
הוקי
ijshockey

כדורגל

voetbal

בדמינטון

badminton

אתלטיקה

atletiek

כדור-יד

handbal

עשה סקי

skiën

פולו

polo

פעילויות
activiteiten

צחק
lachen
קפץ
springen
חיבק
knuffelen
הלך
wandelen
שר
zingen
חלם
dromen
התפלל
bidden
נשק
kussen

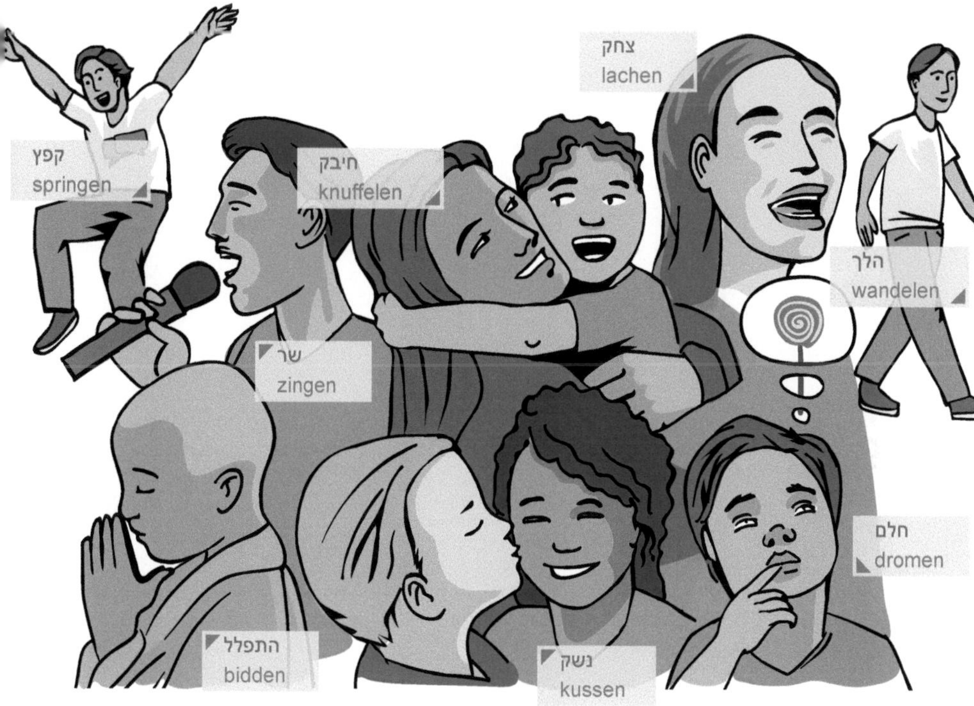

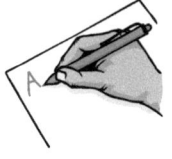

כתב
....
schrijven

צייר
....
tekenen

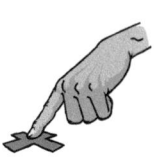

הראה
....
tonen

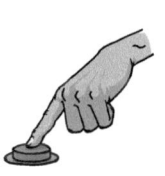

דחף
....
duwen

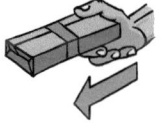

נתן
....
geven

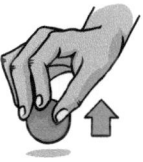

לקח
....
nemen

יש / להיות הבעלים
hebben

עשה
doen

היה
zijn

עמד
staan

רץ
lopen

משך
trekken

זרק
gooien

נפל
vallen

שכב
liggen

חיכה
wachten

סחב
dragen

ישב
zitten

התלבש
aankleden

ישן
slapen

התעורר
ontwaken

פעילויות - activiteiten

הסתכל ב-

....

kijken naar

בכה

....

wenen

ליטף

....

aaien

סירק

....

kammen

דיבר

....

praten

הבין

....

begrijpen

שאל

....

vragen

שמע

....

luisteren

שתה

....

drinken

אכל

....

eten

סידר

....

opruimen

אהב

....

houden van

בישל

....

koken

נהג

....

rijden

עף

....

vliegen

קרא

....

Lezen

חישב

....

rekenen

שט

....

zeilen

התחתן

....

trouwen

עבד

....

werken

למד

....

leren

הרג

....

doden

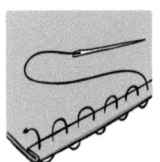

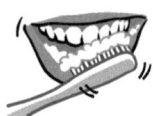

ציחצח שיניים

....

tandenpoetsen

תפר

....

naaien

שלח

....

sturen

עישן

....

roken

משפחה
familie

סבתא
grootmoeder
סבא
grootvader
אבא
vader
אימא
moeder
תינוק
baby
בת
dochter
בן
zoon

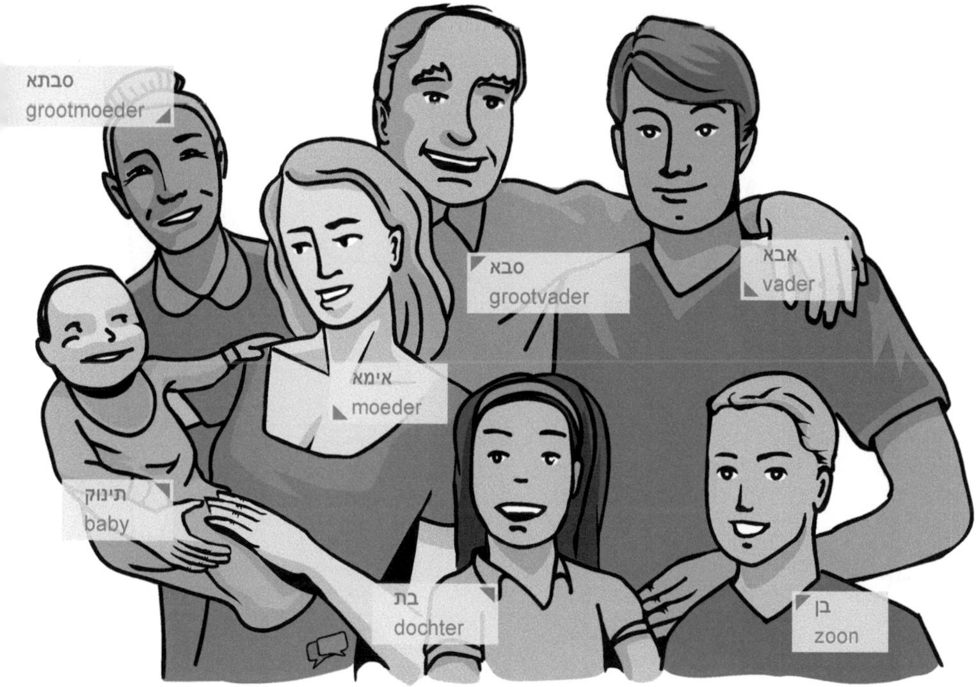

אורח

gast

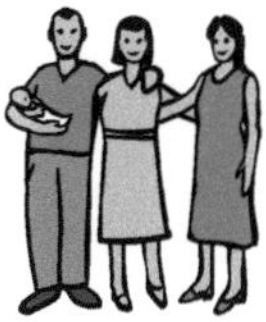

דודה

tante

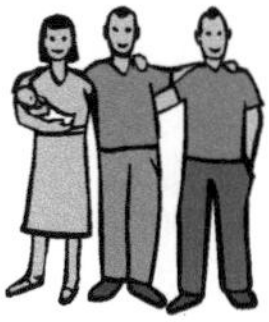

דוד

oom

אח

broer

אחות

zus

גוף

lichaam

מצח
voorhoofd
עין
oog
כתף
schouder
אצבע
vinger
פנים
gezicht
סנטר
kin
כף יד
hand
רגל
been
חזה
borst
זרוע
arm

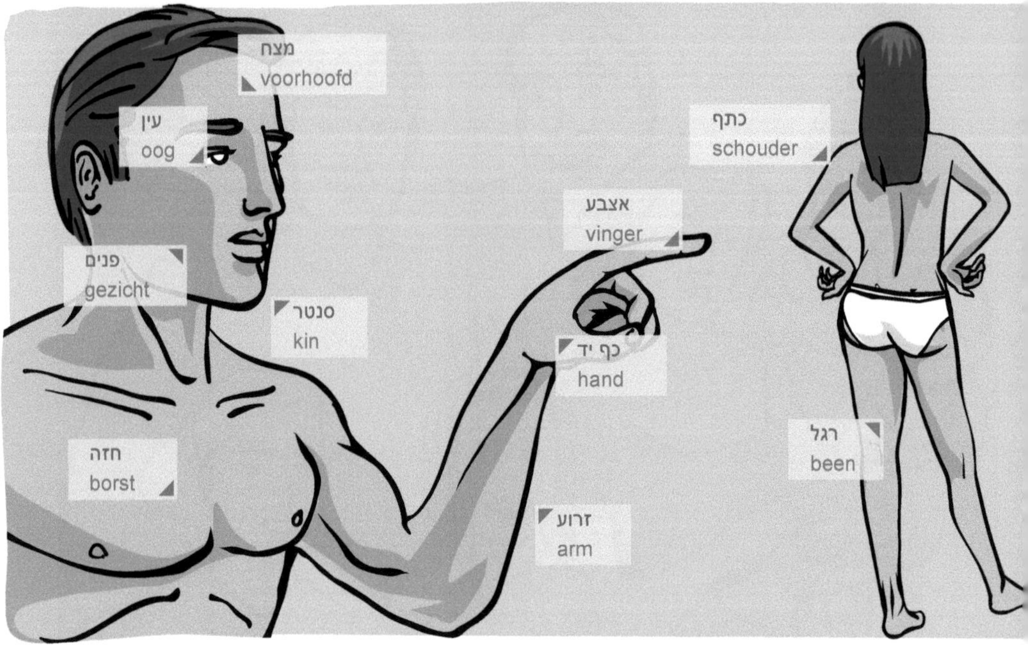

תינוק

baby

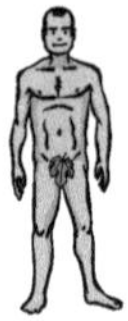

איש

man

אישה

vrouw

ילדה

meisje

ילד

jongen

ראש

hoofd

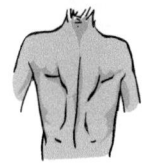

גב

rug

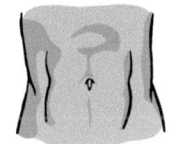

בטן

buik

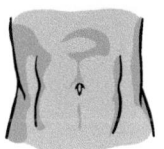

טבור

navel

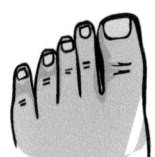

אצבע

teen

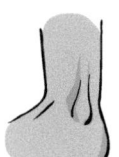

עקב

hiel

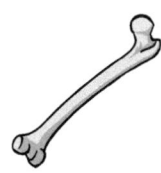

עצם

bot

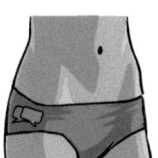

ירך

heup

ברך

knie

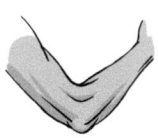

מרפק

elleboog

אף

neus

עכוז

zitvlak

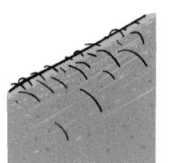

עור

huid

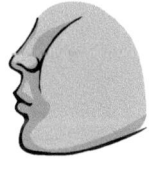

לחי

wang

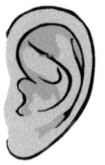

אוזן

oor

שפתיים

lip

פה

mond

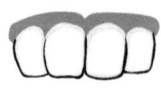

שן

tand

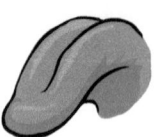

לשון

tong

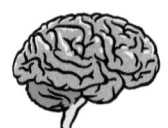

מוח

hersenen

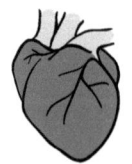

לב

hart

שריר

spier

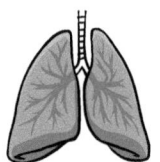

ריאה

long

כבד

lever

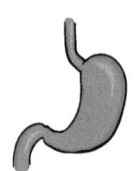

קיבה

maag

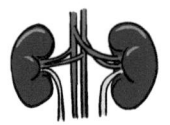

כליות

nieren

מין

seks

קונדום

condoom

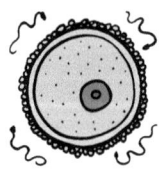

ביצית

eicel

זרע

sperma

הריון

zwangerschap

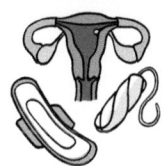

ווסת

menstruatie

נו וניק

vagina

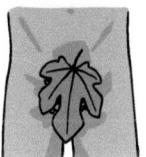

פין

penis

גבה

wenkbrauw

שיער

haar

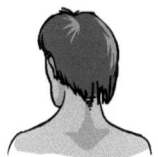

צוואר

nek

בית חולים
ziekenhuis

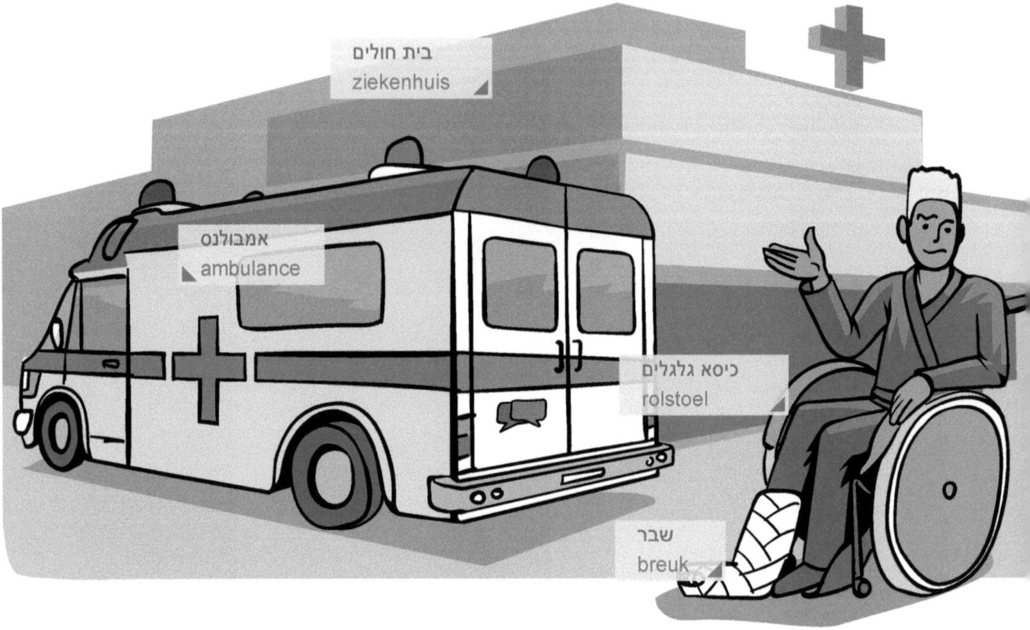

בית חולים
ziekenhuis
אמבולנס
ambulance
כיסא גלגלים
rolstoel
שבר
breuk

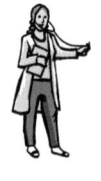

רופא
dokter

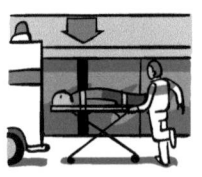

חדר מיון
spoed

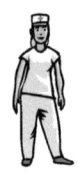

אחות
verpleegkundige

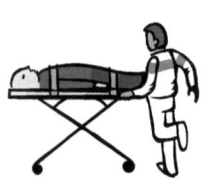

חירום
noodgeval

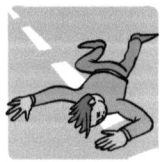

חסר הכרה
bewusteloos

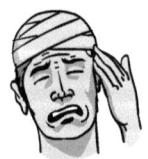

כאב
pijn

פציעה

verwonding

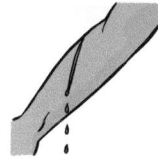

דימום

bloeding

התקף לב

hartaanval

שבץ

beroerte

אלרגיה

allergie

שיעול

hoest

חום

koorts

שפעת

griep

שלשול

diarree

כאב ראש

hoofdpijn

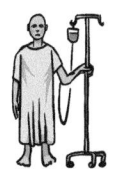

סרטן

kanker

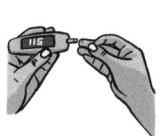

סוכרת

diabetes

מנתח

chirurg

אזמל

scalpel

ניתוח

operatie

סי-טי

CT

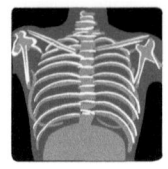

רנטגן

röntgenstraal

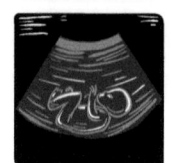

אולטרסאונד

ultrageluid

מסיכת פנים

gezichtsmasker

מחלה

ziekte

חדר המתנה

wachtkamer

קבה

kruk

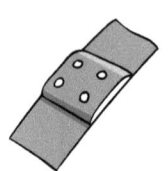

פלסטר

pleister

תחבושת

verband

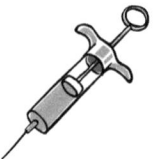

זריקה

injectie

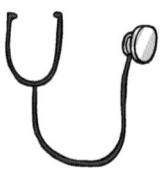

סטטוסקופ

stethoscoop

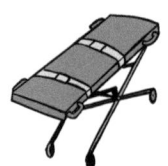

אלונקה

brancard

מד חום

thermometer

לידה

geboorte

עודף משקל

overgewicht

מכשיר שמיעה

hoorapparaat

מחטא

ontsmettingsmiddel

זיהום

infectie

נגיף

virus

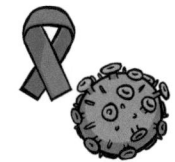

איידס

HIV / AIDS

תרופה

medicijn

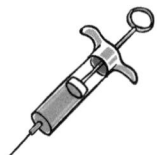

חיסון

vaccinatie

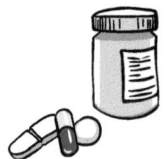

טבליות

tabletten

גלולה

pil

קריאת חירום

noodoproep

מד לחץ דם

bloeddrukmeter

חולה / בריא

ziek / gezond

חירום

noodgeval

הצילו!

Help!

אזעקה

alarm

פשיטה

overval

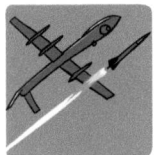

תקיפה

aanval

סכנה

gevaar

יציאת חירום

nooduitgang

אש!

Brand!

מטף כיבוי

brandblusser

תאונה

ongeval

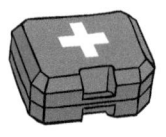

ערכת עזרה ראשונה

EHBO-kit

הצילו!

SOS

משטרה

politie

כדור הארץ

aarde

אירופה

Europa

צפון אמריקה

Noord-Amerika

דרום אמריקה

Zuid-Amerika

אפריקה

Afrika

אסיה

Azië

אוסטרליה

Australië

האוקיינוס האטלנטי

Atlantische Oceaan

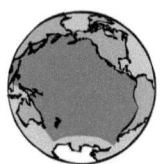

האוקיינוס השקט

Stille Oceaan

האוקיינוס ההודי

Indische Oceaan

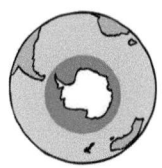

האוקיינוס האנטרקטי

Antarctische Oceaan

האוקיינוס הארקטי

Arctische Oceaan

הקוטב הצפוני

Noordpool

כדור הארץ

aarde

אנטארקטיקה

Antarctica

הקוטב הדרומי

Zuidpool

אי

eiland

ים

zee

אדמה

land

מדינה

staat

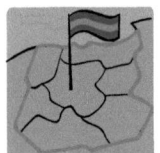

לאום

natie

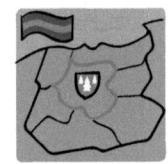

שעון
klok

פני השעון

wijzerplaat

מחוג השעות

uurwijzer

מחוג הדקות

minuutwijzer

מחוג השניות

secondewijzer

מה השעה?

Hoe laat is het?

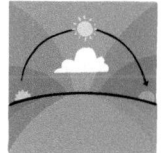

יום

dag

זמן

tijd

עכשיו

nu

שעון דיגיטלי

digitale horloge

דקה

minuut

שעה

uur

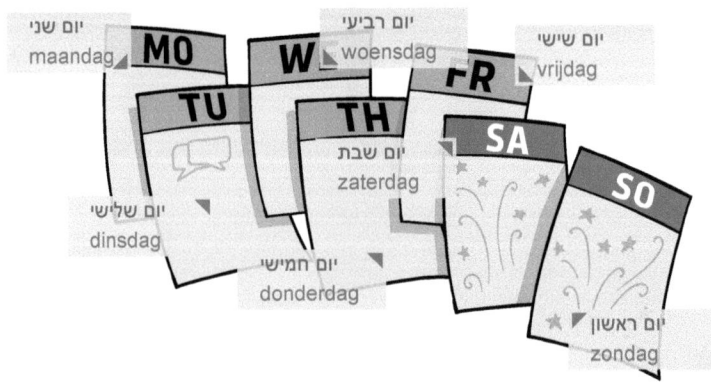

שבוע

week

יום שני
maandag
MO
יום רביעי
woensdag
W
יום שישי
vrijdag
FR
TU
TH
יום שבת
zaterdag
SA
יום שלישי
dinsdag
יום חמישי
donderdag
SO
יום ראשון
zondag

1

אתמול

gisteren

2

היום

vandaag

מחר

morgen

בוקר

ochtend

צהריים

middag

ערב

avond

MO TU WE TH FR SA SU
1 2 3 4 5 6 7
8 9 10 11 12 13 14
15 16 17 18 19 20 21
22 23 24 25 26 27 28
29 30 31 1 2 3 4

ימי עבודה

werkdagen

MO TU WE TH FR SA SU
1 2 3 4 5 6 7
8 9 10 11 12 13 14
15 16 17 18 19 20 21
22 23 24 25 26 27 28
29 30 31 1 2 3 4

סוף שבוע

weekend

גשם
regen
קשת בענן
regenboog
שלג
sneeuw
רוח
wind
אביב
lente
סתיו
herfst
קיץ
zomer
חורף
winter

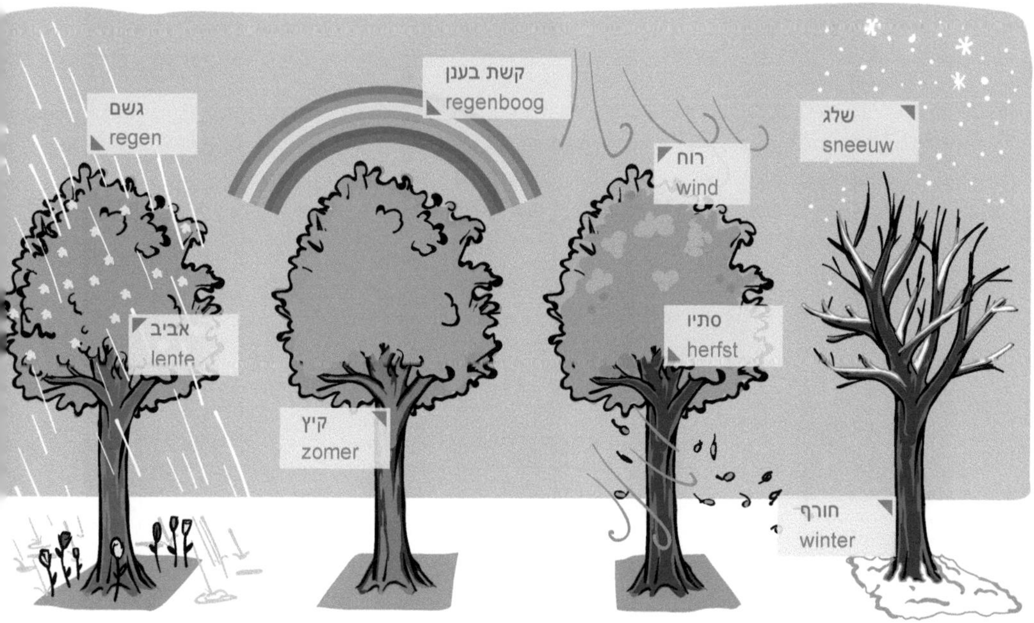

תחזית מזג האוויר
....
weervoorspelling

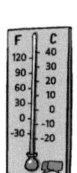

F

מד חום
....
thermometer

אור שמש
....
zonneschijn

ענן
....
wolk

ערפל
....
mist

לחות
....
vochtigheid

ברק

bliksem

רעם

donder

סערה

storm

ברד

hagel

רוח עונתי

moesson

שיטפון

overstroming

קרח

ijs

ינואר

januari

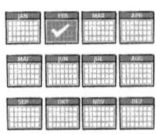

פברואר

februari

מרץ

maart

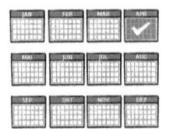

אפריל

april

מאי

mei

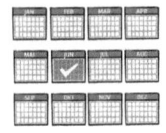

יוני

juni

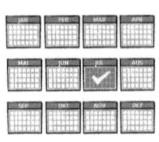

יולי

juli

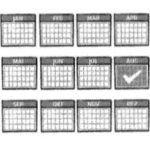

אוגוסט

augustus

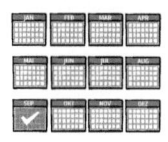

ספטמבר

september

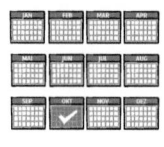

אוקטובר

oktober

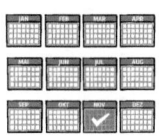

נובמבר

november

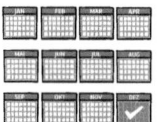

דצמבר

december

צורות

vormen

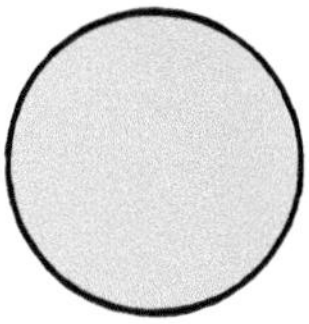

עיגול

cirkel

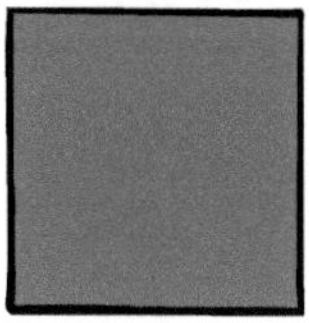

מרובע

kwadraat

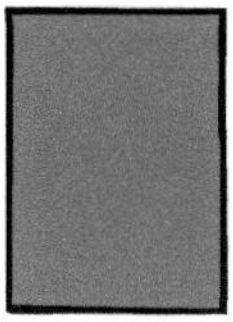

מלבן

rechthoek

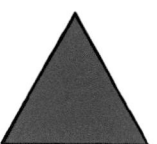

משולש

driehoek

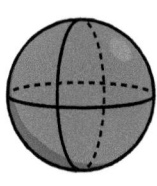

כדור

bol

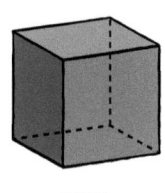

קובייה

kubus

צבעים

kleuren

לבן

wit

צהוב

geel

כתום

oranje

ורוד

roze

אדום

rood

סגול

paars

כחול

blauw

ירוק

groen

חום

bruin

אפור

grijs

שחור

zwart

הפכים
tegengestelden

הרבה / מעט

....

veel / weinig

כועס / רגוע

....

boos / kalm

יפה / מכוער

....

mooi / lelijk

התחלה / סוף

....

begin / einde

גדול / קטן

....

groot / klein

בהיר / כהה

....

licht / donker

אח / אחות

....

broer / zus

נקי / מלוכלך

....

proper / vuil

שלם / חלקי

....

volledig / onvolledig

יום /לילה

....

dag / nacht

מת / חי

....

dood / levend

רחב / צר

....

breed / smal

אכיל / לא אכיל

eetbaar / oneetbaar

רשע / טוב לב

kwaadaardig / vriendelijk

מתרגש / משועמם

opgewonden / verveeld

שמן / רזה

dik / dun

ראשון / אחרון

eerst / laatst

חבר / אויב

vriend / vijand

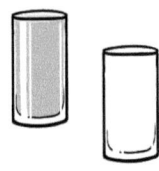

מלא / ריק

vol / leeg

קשה / רך

hard / zacht

כבד / קל

zwaar / licht

רעב / צמא

honger / dorst

חולה / בריא

ziek / gezond

בלתי-חוקי / חוקי

illegaal / legaal

נבון / טיפש

intelligent / dom

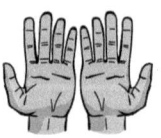

שמאל / ימין

links / rechts

קרוב / רחוק

dichtbij / veraf

חדש / משומש

nieuw / gebruikt

כלום / משהו

niets / iets

זקן / צעיר

oud / jong

פעיל / כבוי

aan / uit

פתוח / סגור

open / dicht

שקט / רועש

stil / luid

עשיר / עני

rijk / arm

נכון / שגוי

juist / fout

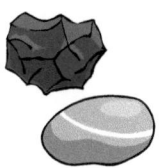

מחוספס / חלק

ruw / glad

עצוב / שמח

droevig / blij

קצר / ארוך

kort / lang

איטי / מהיר

traag / snel

רטוב / יבש

nat / droog

חם / קר

warm / koud

מלחמה / שלום

oorlog / vrede

הפכים - tegengestelden

מספרים
cijfers

0	אפס	nul
1	אחת	één
2	שתיים	twee
3	שלוש	drie
4	ארבע	vier
5	חמש	vijf
6	שש	zes
7	שבע	zeven
8	שמונה	acht
9	תשע	negen
10	עשר	tien
11	אחת-עשרה	elf

12

שתים-עשרה

twaalf

13

שלוש-עשרה

dertien

14

ארבע-עשרה

veertien

15

חמש-עשרה

vijftien

16

שש-עשרה

zestien

17

שבע-עשרה

zeventien

18

שמונה-עשרה

achtien

19

תשע-עשרה

negentien

20

עשרים

twintig

100

מאה

honderd

1.000

אלף

duizend

1.000.000

מיליון

miljoen

Talen

אנגלית

Engels

אנגלית אמריקאית

Amerikaans Engels

סינית מנדרינית

Chinees (Mandarijn)

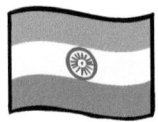

הודית

Hindi

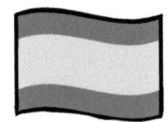

ספרדית

Spaans

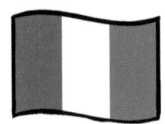

צרפתית

Frans

ערבית

Arabisch

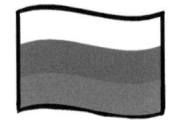

רוסית

Russisch

פורטוגזית

Portugees

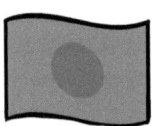

בנגלית

Bengali

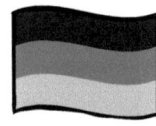

גרמנית

Duits

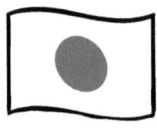

יפנית

Japans

מי / מה / איך

wie / wat / hoe

אני

ik

אתה / את

u

הוא / היא / זה

hij / zij / het

אנחנו

wij

אתם

u

הם

ze

?מי

wie?

?מה

wat?

?איך

hoe?

?איפה

waar?

?מתי

wanneer?

שם

naam

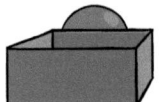

איפה
waar

מאחור

achter

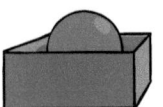

בתוך

in

לפני

voor

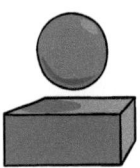

מעל

boven

על

op

מתחת

onder

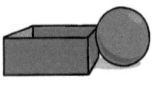

ליד

naast

בין

tussen

מקום

plaats